7
LK 1200.

LETTRE

DE SON ÉMINENCE

LE CARDINAL-ARCHEVÊQUE

DE BORDEAUX

A M. VILLIET,

SUR SON DERNIER TRAVAIL DANS L'ÉGLISE
SAINT-ANDRÉ.

BORDEAUX,

IMPRIMERIE DE JUSTIN DUPUY ET COMP.,
Rue Margaux, 11.

1857

Bordeaux, 10 Avril 1857.

Monsieur,

Vous aviez placé sous mes yeux, il y a quelques mois, les cartons et les plans des verrières destinées au Mont-Carmel de la Primatiale. Ma première visite, à mon retour de Paris, a été pour votre beau travail, et vite je viens vous en témoigner ma satisfaction. Les vitraux dont vous aviez déjà enrichi plusieurs de nos grandes églises de la ville et du diocèse, n'avaient eu pour résultat que de rendre plus évidentes et plus regrettables la pauvreté, la désolation même qui régnaient encore, sous ce rapport, dans l'Église-Mère de notre grande province.

On ne pouvait songer à une restauration générale des verrières de Saint-André ; mais la dévotion empressée des Fidèles désignait impérieusement la chapelle de N.-D. du Mont-Carmel comme la première à décorer, en dehors des travaux considérables que l'Etat a pris à sa charge dans cette vieille basilique.

La générosité municipale ne nous a pas fait défaut : elle s'est jointe aux louables efforts du Chapitre et aux pieuses largesses d'un bon nombre de fidèles paroissiens, parmi lesquels j'aime à citer tout d'abord MM. les membres de la fabrique.

La profession à laquelle vous avez consacré votre vie, est entourée d'un beau privilége, Monsieur. L'architecte donne l'être à la maison de Dieu : vous lui dispensez le jour; non, cette clarté commune à toutes les œuvres de la création, mais une clarté de choix, extraite, par une espèce de triage, du sein de cet océan de splendeurs, dont la réunion prit le nom de LUMIÈRE.

Le soin d'orner le sanctuaire ne peut pas être indifféremment confié à toutes les mains : il y a des conditions à remplir; il faut du cœur, de l'intelligence et de la foi pour une pareille mission. La peinture sur verre est un art plus difficile qu'on ne pense.

Le verrier ne saurait, comme l'architecte ou le sculpteur, laisser dans l'ombre une partie de son œuvre ; le soleil qui doit la rendre transparente en fera resplendir tous les détails ; dès-lors pas de médiocrité possible.

C'est là, Monsieur, le genre de mérite qu'on a espéré trouver dans votre travail, et cette espérance n'a pas été trompée. On reconnaît en vous l'artiste catholique, autant que l'archéologue et le peintre.

Je donnerai ici une description sommaire de votre œuvre, non comme un encouragement, vous n'en avez pas besoin ; mais pour en faciliter l'intelligence à ceux des Ecclésiastiques ou des Fidèles qui voudraient doter leurs églises de vitraux semblables.

La chapelle de N.-D. du Mont-Carmel nous offre entièrement refaites quatre fenêtres *rayonnantes* du commencement du XIVe siècle ; l'histoire de MARIE devait être le sujet de leur décoration : sa *Conception immaculée,* sa naissance, les diverses circonstances de sa vie, sa glorification enfin, tels sont les sujets destinés à orner les fenêtres dont la première est divisée en trois compartiments verticaux ; chacune des trois autres en a quatre.

On sait que l'ordre matériel adopté par le moyen-âge pour la représentation chronologique des faits est celui-ci : les sujets sont disposés, dans chaque vitrail, *de gauche à droite et de bas en haut,* en sorte que la tranche inférieure représente les sujets les plus anciens dans l'ordre des temps. — Dans la rosace ou *amortissement,* qui surmonte la fenêtre, on place le sujet dominant de tout le vitrail.

Chaque fenêtre est partagée en quatre étages superposés. En bas, ce sont des médaillons ou compartiments, représentant des sujets tirés de l'évangile ou de la légende.

Plus haut, ce sont des figures de prophètes ou de saints de l'ancien ou du nouveau Testament.

Plus haut encore, c'est un nouveau rang de médaillons qui continue le premier.

Au sommet enfin, dans la rosace, la scène principale.

A la partie supérieure (amortissement) de chaque panneau ou grand compartiment du vitrail, un tout petit médaillon porte les armoiries ou le chiffre du donateur de ce panneau.

Première Fenêtre.

A trois panneaux verticaux seulement. (C'est la plus rapprochée de l'entrée de l'Eglise).

Grandes figures : (trois patriarches, ancêtres de la Sainte Vierge, avec l'inscription portée par chaque personnage sur un phylactère).

ABRAHAM :   Benedicentur in semine tuo omnes gentes terræ.
Toutes les nations de la terre seront bénies en votre race.
(Genes. XXII).

ISAAC :   In Isaac vocabitur tibi semen.
C'est d'Isaac que sortira la race qui doit porter votre nom.
(Rom. IX).

JACOB :   Benedicentur in te, et in semine tuo, cunctæ tribus terræ.
Toutes les tribus de la terre seront bénies en vous et en votre race.
(Genes. XXXIII).

MÉDAILLONS.

1. L'arbre de Jessé. — C'est ainsi qu'on nomme la figure de Jessé ou Isaï (père du roi David), de la poitrine duquel s'élève un arbre mystique dont les fleurs contiennent les images des rois ancêtres de Marie, ancêtres selon la chair, par conséquent, de Jésus-Christ lui même. Au sommet de l'arbre, comme complément et perfection de sa floraison, on voit d'ordinaire la Sainte Vierge tenant son divin Fils sur ses genoux. — Dans ce premier médaillon de N.-D. du Mont-Carmel, on ne voit que le tronc de cet arbre mystique; mais sa végétation forme le motif principal de l'ornementation des quatre fenêtres. Ce sont les rameaux de cet arbre (fleurs et feuillage) qui embrassent tous les sujets étagés dans les verrières. Ses fleurs s'épanouissent sur les fonds des grandes figures et sur ceux des médaillons;

2. Apparition de l'ange à Joachim, père de la Sainte Vierge, pour lui annoncer la prochaine naissance de cette enfant de bénédiction (sujet légendaire);

3. Rencontre de Saint Joachim et de Sainte Anne,

père et mère de Marie, près de la Porte dorée (sujet légendaire);

4. Naissance de la Sainte Vierge (sujet légendaire);

5. Présentation de la Sainte Vierge au temple (sujet légendaire);

6. Mariage de la Sainte Vierge (sujet évangélique).

MÉDAILLON PRINCIPAL, *au sommet de la fenêtre :*

L'IMMACULÉE CONCEPTION.

Deux médaillons, situés un peu au-dessous, représentent deux des *petits prophètes*, assis sur des siéges à dossier :

HABACUC et SOPHONIE.

Les donateurs des trois panneaux de cette fenêtre sont, toujours en partant de la gauche :
La famille de Pichon-Longueville;
La famille de Pontac;
La famille de Grateloup.

Deuxième Fenêtre.

A quatre panneaux verticaux, ainsi que les suivantes.

Grandes figures : (trois ancêtres de la Mère de Dieu, et le prophète Elie, fondateur et premier patron du Carmel).

Le patr^{che} JUDA : Manifestum est quòd ex Juda ortus sit Dominus noster.
Il est certain que Notre-Seigneur est sorti de la tribu de Juda.
(Hebr. VII).

Le roi DAVID : Astitit regina a dextris tuis in vestitu deaurato, circumdata varietate.
La reine est à votre droite, parée de ses riches vêtements, où l'on admire une grande variété.
(Ps. XLIV).

Le roi SALOMON : Tota pulchra es, amica mea, macula non est in te.
Vous êtes toute belle, ô mon amie, il n'y a aucune tache en vous.
(Cant. IV).

Le proph^te ÉLIE : Helias ascendit in verticem Car-
meli : ecce nubecula parva ascendebat de mari.

Élie monta au sommet du Carmel, et voici qu'une petite nuée s'élevait de la mer.

(III. Reg. XVIII).

MÉDAILLONS.

1. L'Annonciation ;
2. La Visitation ;
3. Saint Joseph rassuré par l'ange ;
4. Un ange annonce aux bergers la naissance du Sauveur ;
5. L'Adoration des bergers ;
6. L'Adoration des Mages ;
7. La Purification de la Sainte Vierge ;
8. Le vieillard Siméon et la prophétesse Anne.

(Les sujets de ces huit médaillons sont tirés de l'Evangile).

Médaillon principal, *au sommet de la fenêtre :*

LA NATIVITÉ DE NOTRE-SEIGNEUR.

Au-dessous, dans des médaillons, deux *petits prophètes :*

Aggée et Zacharie.

Dans deux autres médaillons : Les armoiries du Chapitre de Saint-André ; la dédicace des verrières, dans une inscription commémorative.

Les donateurs des quatre panneaux de cette fenêtre sont :

M. Jules de Pineau ;

M. le comte de La Myre-Mory ;

M. le baron de Ravignan ;

M. le comte Auguste de Noaillan.

Troisième Fenêtre.

Grandes figures : (trois prophètes et Saint Jean-Baptiste).

ÉZÉCHIEL : Porta hæc clausa erit.... quoniam Dominus Deus Israel ingressus est per eam.
Cette porte restera fermée... car c'est par elle que le Seigneur Dieu d'Israël fera son entrée.
(Ezech. XLIV).

ISAIE : ECCE VIRGO CONCIPIET ET PARIET FILIUM, ET VOCABITUR NOMEN EJUS EMMANUEL.

Une vierge concevra, et elle enfantera un fils qui sera appelé Emmanuel.
(Is. VII.)

JÉRÉMIE : CREAVIT DOMINUS NOVUM SUPER TERRAM. FÆMINA CIRCUMDABIT VIRUM.

Le Seigneur a créé sur la terre quelque chose de tout nouveau...
(JEREM. XXXI).

St JEAN-BAPTISTE : UT AUDIVIT SALUTATIONEM MARIÆ ELISABETH, EXULTAVIT INFANS IN UTERO EJUS.

Dès qu'Elisabeth entendit la salutation de Marie, son enfant tressaillit de joie dans son sein.
(LUC. I).

MÉDAILLONS.

1. Le songe de Saint Joseph ;
2. La fuite en Egypte ;
3. Jésus enseignant les Docteurs.

(Ces trois sujets sont évangéliques).

4. La mort de Saint Joseph (sujet légendaire);

5. Les Noces de Cana;

6. Notre-Seigneur portant sa croix;

7. La descente de croix;

8. Notre-Seigneur au tombeau : Notre-Dame des Douleurs.

(Ces quatre sujets sont évangéliques).

MÉDAILLON PRINCIPAL, *au sommet de la fenêtre :*

LE CRUCIFIEMENT DE NOTRE-SEIGNEUR.

L'ancienne et la nouvelle Alliances, représentées par l'*Eglise* qui est à la droite du Sauveur, porte la couronne en tête et recueille dans un calice le Précieux Sang qui coule des plaies de Jésus-Christ, — et par la *Synagogue,* dont la couronne tombe et dont les yeux sont couverts d'un bandeau.

Au-dessous, dans des médaillons, deux *petits prophètes :*

Osée et Amos.

Les armoiries de la ville de Bordeaux sont deux fois répétées, parce qu'elle a fait don des médaillons principaux.

Les donateurs des quatre panneaux de cette fenêtre sont :

M. l'abbé Dudouble, archiprêtre de Saint-André, et quelques-uns de ses paroissiens, désignés par cette inscription : PASTOR ET OVES, *le pasteur et ses brebis;*

M. Maubourguet-Maisonneuve;

M. F. Samazeuilh, premier adjoint de maire;

M. J. J. Pommez.

Quatrième Fenêtre.

Grandes figures.

Sᵗ JOACHIM : HUJUS DEUS EX SEMINE EDUXIT ISRAEL SALVATOREM JESUM.
C'est de sa race que Dieu a fait naître Jésus, pour être le Sauveur d'Israël.
(ACT. XIII).

Sᵗᵉ ANNE : IN ANCILLA SUA ADIMPLEVIT DOMINUS MISERICORDIAM SUAM.
C'est en sa servante que le Seigneur a accompli ses miséricordes.
(JUDITH, XIII).

St JOSEPH : Au lieu de phylactère et d'inscription, il porte à la main une branche fleurie de lys, symbole de pureté.

St JEAN L'ÉVANGÉLISTE : Egalement sans inscription, portant un calice d'où sort un serpent.

(Attribut légendaire).

MÉDAILLONS.

1. L'Ascension (sujet évangélique);
2. La Pentecôte (sujet évangélique);
3. La Sainte Vierge à Ephèse (St. Jean l'Evangéliste lui donne la communion);
4. La mort de la Sainte Vierge;
5. Le convoi funéraire de la Sainte Vierge. (On n'y voit qu'une portion de son cercueil porté par des Apôtres).
6. L'Assomption.

(Ces quatre sujets sont légendaires).

7. Le prophète Elie enlevé au ciel dans un charriot de feu (sujet tiré de l'Ancien Testament).

8. La Sainte Vierge donne le Scapulaire à Saint Simon Stock (sujet légendaire).

MÉDAILLON PRINCIPAL, *au sommet de la fenêtre :*

LE COURONNEMENT DE LA TRÈS-SAINTE VIERGE.

Au-dessous, dans des médaillons, deux prophètes :

DANIEL et JONAS.

Les armoiries du Cardinal-Archevêque de Bordeaux, donateur des rosaces principales, sont près de l'autel, ainsi que celles de S. S. le Pape Pie IX, sous le pontificat duquel les verrières ont été exécutées.

Les quatre panneaux de cette fenêtre sont dus à :
M. le baron de Brivazac;
Mlle Hermine de Bellot;
M. Ludovic du Pavillon;
M. l'abbé Dighoux, premier vicaire-général.

—

Et maintenant, Monsieur, il me reste à vous dire que vous vous êtes fait le consciencieux esclave des règles iconographiques consacrées par l'usage constant de la meilleure époque du moyen-âge. Vous n'avez rien sacrifié au mauvais goût de notre temps ; vous avez tout reçu des mains de la tradition catholique. Je veux dire que vous ne vous êtes pas permis *d'inventer* un seul costume, une seule forme, un seul détail : vous êtes en mesure de produire les modèles authentiques de chacune de vos représentations, et vous ne vous êtes réservé, outre le choix parmi les modèles d'une époque donnée, que l'agencement de vos sujets et la pose de vos personnages ; — en un mot, vous ne vous êtes réservé que la composition des tableaux.

C'est là votre gloire, Monsieur, aux yeux des seuls hommes compétents en cette matière, c'est-à-dire aux yeux des archéologues véritablement chrétiens ; gloire tout évangélique en effet, car elle est toute modeste, exempte de toute jactance et respectueuse envers les maîtres de l'art, vos devanciers.

Mais en dehors de la fidélité iconographique, il

est des exigences légitimes, auxquelles vous avez dû obéir, et vous l'avez fait avec talent et avec bonheur. Depuis la grande époque hiératique de la peinture sur verre, les arts du dessin ont fait des progrès, et les yeux de nos contemporains ne sauraient plus supporter les inexactitudes de lignes, ni l'aspect parfois repoussant des figures, défauts à l'égard desquels nos pères ne se montraient pas difficiles, pourvu que l'exposition des sujets fût claire, et que l'expression des figures ne fût pas empreinte de mondanité.

Vous avez suivi les progrès de l'art et vous êtes resté fidèle à l'esprit chrétien. Vos figures ont de la régularité, souvent du charme, toujours l'expression du recueillement et de l'innocence, selon les personnages que vous aviez à représenter : c'est là encore votre gloire, Monsieur, et le second sujet des louanges que je suis heureux de donner à votre travail.

Le troisième a trait à la seule partie que puisse apprécier, dans l'exécution matérielle d'un vitrail, l'homme qui n'est pas du métier, je veux parler *de la couleur,* de l'harmonie des couleurs et de l'effet d'ensemble. Ici encore les éloges que je crois avoir à vous donner sont entiers et sincères. Vos vitraux, moins sombres que ceux du XIIIe siècle, laissent entrer dans la chapelle cette quantité de lumière que l'usage général de la lecture rend indispensable dans nos églises, et dont le moyen-âge n'avait pas besoin. Mais, en même temps, vos vitraux qui reproduisent l'effet obtenu dans la belle époque de l'art, sont exempts de ces tons criards auxquels vous auriez été condamné s'il vous eût fallu imiter les verrières du bas moyen-âge.

L'aspect n'en manque pas d'éclat, tant s'en faut; mais c'est un éclat sobre, solide, doux à l'œil et sur lequel le regard se repose agréablement. Chaque fenêtre a comme un ton général qui la distingue de ses voisines, et qui résulte de la combinaison des effets partiels de chaque morceau de verre coloré. Enfin, le ton général de la lumière répandue dans ce sanctuaire, résultat combiné de la transmission des rayons opérée par l'ensemble des quatre fenêtres, est doux, agréable et harmonieux. (1)

(1) Il y a un moyen fort simple d'apprécier, d'une manière plus saisissable, l'harmonie des couleurs d'un vitrail : c'est

Tel est, Monsieur, l'effet que me paraît produire une première étude de votre travail. Je ne doute pas qu'il ne soit confirmé, agrandi même par l'habitude de contempler vos vitraux à différentes heures du jour et à différents degrés de nuances d'éclairage. Tout ce qui contribue à l'ornementation de nos Églises gagne pour nous, à mesure que la vue nous en devient plus fréquente, et cela s'explique facilement. — Nous devons, comme à notre insu, nous attacher à ces objets dont l'aspect nous porte si bien au recueillement, à la piété; nous ne pouvons les regarder sans qu'ils nous rappellent les tristesses que nous sommes venus si souvent déposer aux pieds de Dieu, ou les consolations que nous y avons reçues de sa bonté.

Courage, Monsieur, courage et constance dans la voie où vous marchez avec tant de conscience et de succès. Nul, plus sincèrement que moi, ne

---

de le regarder à l'aide de ces lorgnettes doubles qu'on appelle *jumelles*, mais en appliquant l'œil à la plus grosse extrémité. Le vitrail entier paraît alors grand tout au plus comme la moitié de la main, et son effet d'ensemble est charmant.

vous y accompagne de sa sympathie et de ses vœux.

Recevez, Monsieur, l'assurance de mes sentiments les plus dévoués.

† Ferdinand, Cardinal DONNET,
Archevêque de Bordeaux.

www.ingramcontent.com/pod-product-compliance
Lightning Source LLC
Chambersburg PA
CBHW060603050426
42451CB00011B/2064